大 师 手 稿 与 速 写

The Masters' Manuscripts and Sketches

德 加

素描与粉彩

蔡 国 胜 / 主 编　　德 加 / 绘 画

CNS PUBLISHING & MEDIA | 湖南美术出版社
全 国 百 佳 图 书 出 版 单 位
· 长 沙 ·

图书在版编目（CIP）数据

德加素描与粉彩 / 蔡国胜主编. -- 长沙 ：湖南美
术出版社，2022.11（大师手稿与速写）
ISBN 978-7-5356-9937-4

Ⅰ. ①德… Ⅱ. ①蔡… Ⅲ. ①素描－作品集－法国－
近代 Ⅳ. ①J234

中国版本图书馆CIP数据核字（2022）第215932号

德加素描与粉彩

DEJIA SUMIAO YU FENCAI

出 版 人：黄　啸
主　　编：蔡国胜
绘　　画：德　加
责任编辑：赵燕军
责任校对：谭　卉
出版发行：湖南美术出版社（长沙市东二环一段622号）
经　　销：湖南省新华书店
制　　作：嘉偉文化 JARLV CULTURE
印　　刷：广西昭泰子隆彩印有限责任公司
开　　本：889mm×1194mm　1/8
印　　张：5
版　　次：2022年11月第1版
印　　次：2022年11月第1次印刷
书　　号：ISBN978-7-5356-9937-4
定　　价：78.00元

邮购联系：0731-84787105　邮编：410016
网址：http：//www.arts-press.com/
电子邮箱：market@arts-press.com
如有倒装、破损、少页等印装质量问题，请与印刷厂联系调换。
联系电话：0771-3142324

艺术不是你想看到的，而是艺术家想让你看到的。

能够描绘下自己所见就已属不错。但若能画下记忆中无法看见之事会更好。这是想象与记忆共同作用下的变幻形态。

——埃德加·德加

《自画像》 1857 年

《蓝衣的年轻女人》 61.6cm×47cm 色粉 1884 年

《证券所人像》 100cm × 82cm 色粉 1878—1879 年

《歇息的舞者》 76.5cm×55.5cm 色粉和黑色粉笔 1879 年

《调整肩部的舞者》 44.5cm × 35.6cm 色粉 1896—1899 年

《舞者们》 58.8cm×46.3cm 色粉 1894—1904 年

《擦背的女人克里斯蒂》 70cm×60cm 色粉 1895 年

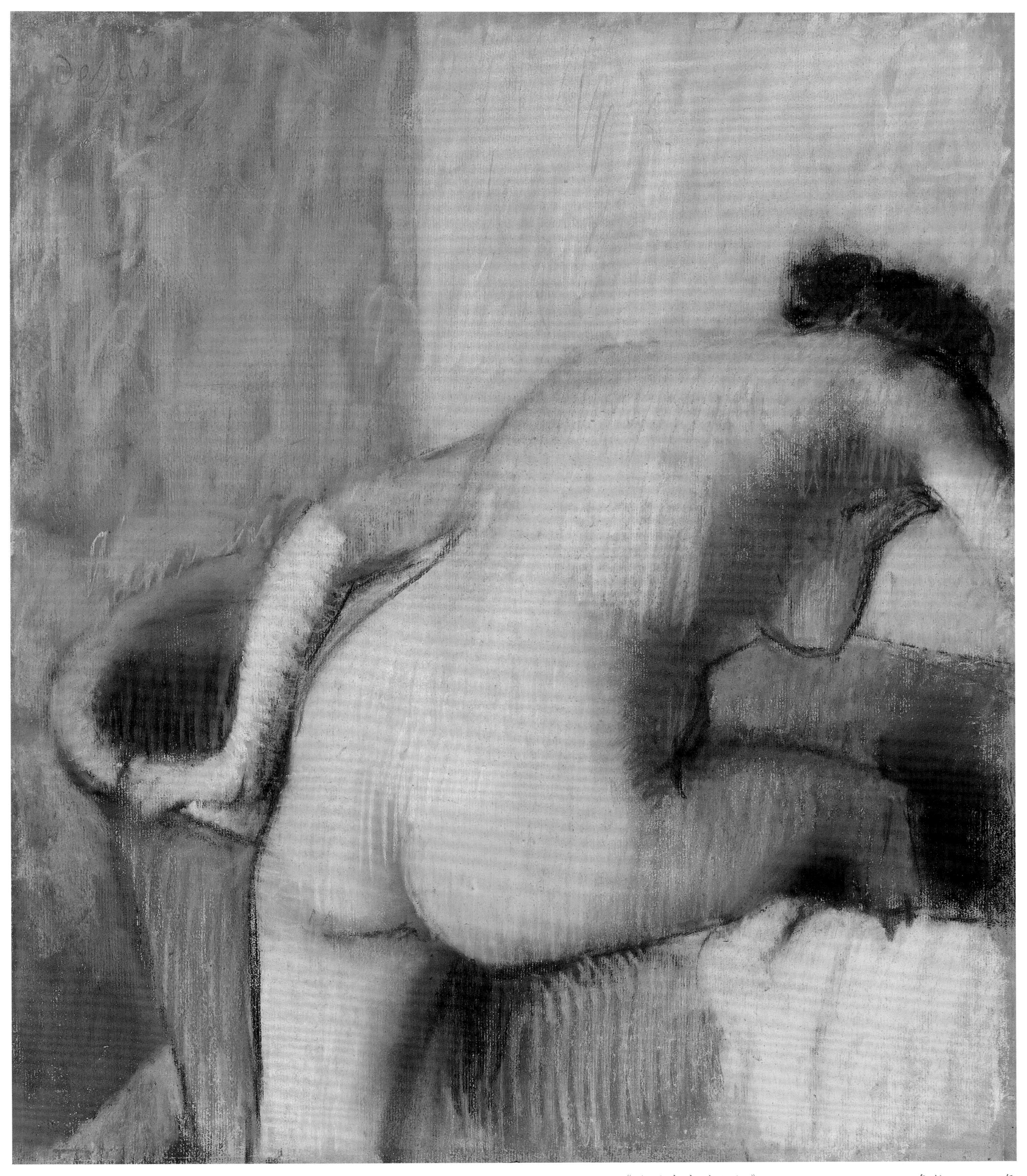

《洗澡者走进浴缸》 55.9cm×47.6cm 色粉 1890年

《准备上课的三名舞蹈演员》 25.4cm×24.3cm 色粉 1879—1890 年

《舞蹈演员》　尺寸不详　色粉　年代不详

《舞者》 尺寸不详 铅笔，白色粉笔提亮，褪色的粉色画纸 1872—1873 年

《调整舞鞋的舞者》 32.7cm × 24.4cm 铅笔，白色粉笔提亮，褪色的粉色画纸 1872—1873 年

《休憩区的舞者》 尺寸不详 接缝纸上的粉彩和水粉 1885 年

《舞者》 尺寸不详 蜡笔，纸 1895 年

《女子肖像》　尺寸不详　色粉，有色纸 1885 年

《离开浴室》　30.8cm × 15.8cm　色粉　1879—1880 年

《舞者》　尺寸不详　铅笔，白色粉笔提亮，褪色的粉色画纸　1872—1873 年

《舞者》 尺寸不详 铅笔，白色粉笔提亮，褪色的粉色画纸 1872—1873 年

《浅浴盆沐浴女子》 81.3cm×56.2cm 炭笔，色粉，浅绿色画纸 1885 年

《带毛巾的女人》 95cm×76cm 色粉 1898 年

《清洗自己的女人》 51cm×47cm 色粉 1897 年

《厕所，女孩》 31.5cm×28cm 色粉和炭笔 1895 年

《莱尔夫人》 尺寸不详 色粉，有色纸 1866—1870 年

《莱尔夫人》局部

《坐着的小提琴家》 39.2cm × 29.8cm 炭笔，色粉，有色纸 1879 年

《落马的骑手》 26.6cm×35.2cm 黑色炭笔，色粉，棕色画纸 1866年

《芭蕾舞场景》 56cm×81cm 色粉 1885年

《在女帽店》 75.5cm×85.5cm 色粉，有色纸 1878年

《索姆河畔圣瓦莱里勒凯努瓦大街》 48.9cm×65.1cm 色粉 1896—1898年

《日落海岸景观》 23.2cm×31.6cm 粉彩 1869年

《贝雷古5号霍尔斯特船（海滩上的船）》 23cm×32cm 色粉 1869年

《草坪和灌木丛道路》 32.5cm×47.9cm 色粉 1890—1893年

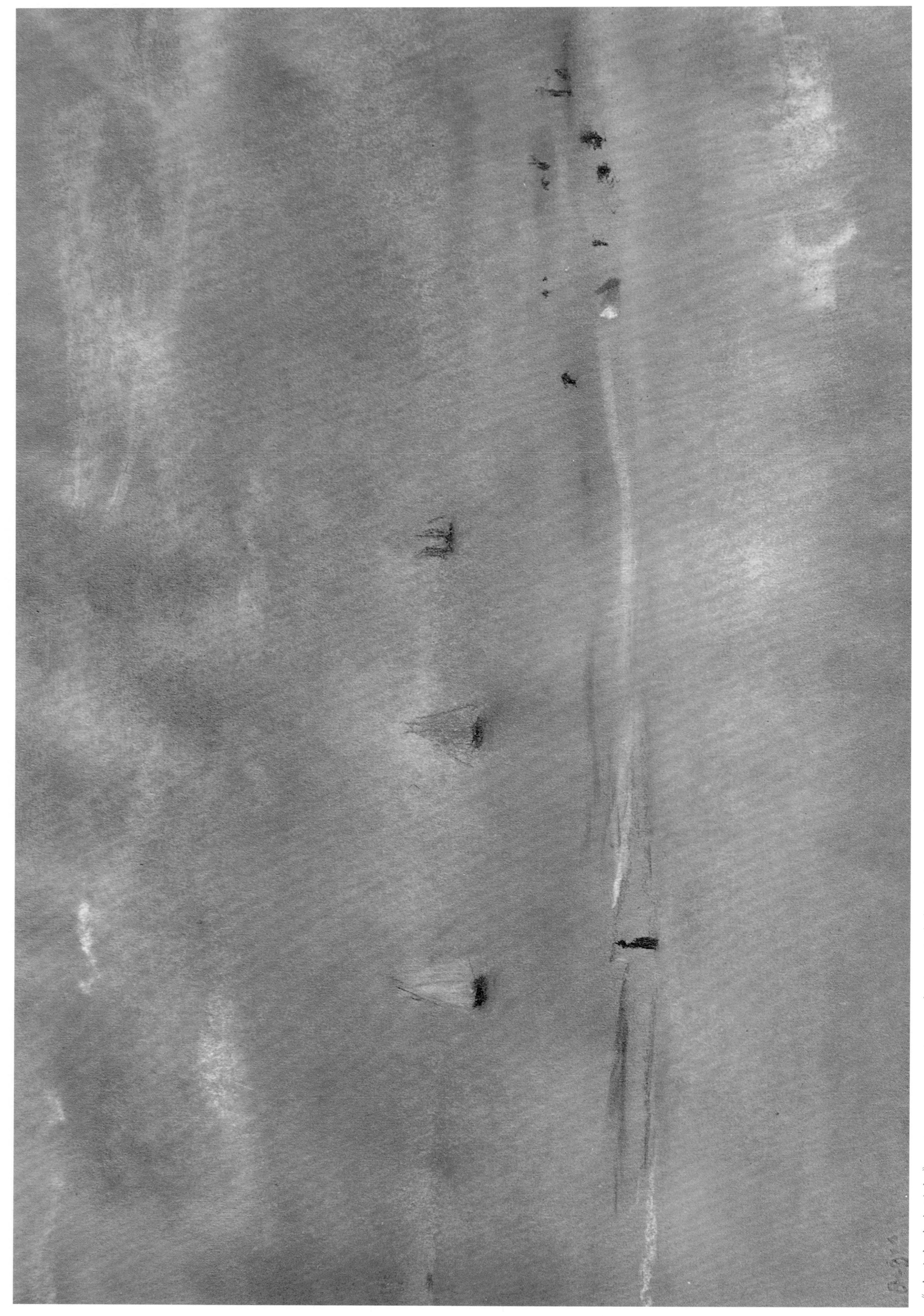

《海滩与海上游艇》 31.4cm×46.9cm 色粉，浅黄色画纸 1869年

《低潮时的海滩》 14.5cm×39cm 色粉，浅黄色画纸 1869年

《舞者》 尺寸不详 铅笔，白色粉笔提亮，有色纸 年代不详

《舞者》 尺寸不详 铅笔，白色粉笔提亮，有色纸 年代不详

《舞蹈团》 103.5cm × 72.5cm 炭笔，有色纸 1895—1900 年